Inhalt

Bilanzpolizei - Finanzkrise lässt Fehlerquote in den Jahresabschlüssen steigen

Kernthesen

Beitrag

Fallbeispiele

Weiterführende Literatur

Impressum

Bilanzpolizei - Finanzkrise lässt Fehlerquote in den Jahresabschlüssen steigen

A. Kaindl

Kernthesen

- Die Finanzkrise hat die Fehlerquote in den Bilanzen kapitalmarktorientierter Firmen steigen lassen.
- Häufig sind die komplexen IFRS-Bilanzierungsvorschriften die Ursache für die Fehler.
- Bewusste Bilanzfälschung ist in Deutschland kein Thema.

Beitrag

Wer ist die Bilanzpolizei und was macht diese?

Die privatrechtlich organisierte und vom Justiz- und Finanzministerium anerkannte Deutsche Prüfstelle für Rechnungslegung (DPR), auch als Bilanzpolizei bezeichnet, prüft die Jahresabschlüsse von kapitalmarktorientierten Unternehmen entweder anlassbezogen oder per Stichprobe. Auch auf Verlangen der Bundesanstalt für Finanzdienstleistungsaufsicht (Bafin) kann die Prüfstelle tätig werden. Seit ihrer Gründung vor vier Jahren hat die Prüfstelle fast 500 Unternehmen geprüft. Das ist jede zweite kapitalmarktorientierte Gesellschaft in Deutschland. Bei Feststellung eines Fehlers und der Akzeptanz der Darstellung des Fehlers durch das Unternehmen, wird dieser auf Anordnung der Bafin im elektronischen Bundesanzeiger veröffentlicht. Ist das Unternehmen nicht einverstanden, leitet die Bafin ein eigenes Prüfverfahren ein. (2)

Was brachten die Prüfungen der Bilanzpolizei zu Tage?

Rund ein Viertel der von der DPR geprüften Jahres- und Zwischenabschlüsse sind fehlerhaft.
Die DPR fand in 2009 eine steigende Zahl von Fehlern in den Bilanzen von Großunternehmen. Die DPR führt das vor allem auf die Komplexität der internationalen Bilanzierungsvorschriften IFRS zurück. Bewusste Bilanzfälschung ist in Deutschland nicht das große Thema. Allerdings geht die Bilanzpolizei davon aus, dass die Unternehmen vor allem in der Krise zu Bilanzkosmetik greifen. (1) (2)

Im Rahmen der 90 bis September 2009 abgeschlossenen diesjährigen Prüfungen hat die Bilanzpolizei vier Dax-Gesellschaften untersucht und dabei einen Fehler festgestellt. Im Vorjahr waren die geprüften Dax-Jahresabschlüsse noch makellos. Im M-Dax erhöhte sich die Fehlerquote von 18 auf 30 Prozent. Von zehn untersuchten Unternehmen gab es bei drei Beanstandungen. Im S-Dax wurden neun Gesellschaften untersucht, davon drei mit Fehlern. Die Fehlerquote erhöhte sich von 18 auf 33 Prozent. Von 20 auf 13 Prozent rückläufig war die Fehlerquote im Tec-Dax. Von acht Unternehmen wies nur eines Mängel auf. Bei den 59 untersuchten Gesellschaften, die keinem Index angehören, wurden in 14 Fällen

Fehler moniert. Die Fehlerquote verbesserte sich von 32 auf 24 Prozent. (2), (4)

Ein Ergebnis der durchgeführten Prüfungen ist, dass die Ertragskraft eines Unternehmens Einfluss auf die Qualität der Rechnungslegung hat. Unternehmen, bei denen Fehler festgestellt wurden, schneiden in der Rendite schlechter ab als Gesellschaften mit fehlerfreien Jahresabschlüssen. Auch die Finanzkrise führte zu der höheren Fehlerquote bei Unternehmen aus den führenden Aktienindizes. (2), (3)

Bei den Prüfungen in 2009 ergaben sich neue Schwerpunkte. Dies betrifft u.a. die Bilanzierung von Finanzinstrumenten, vor allem bei Gesellschaften aus dem Finanzsektor. Die Angaben im Anhang über die Bewertungsmodalitäten waren oft mangelhaft. Neu aufgetaucht sind Fehler in der Risiko- und Prognoseberichterstattung. Das unsichere Marktumfeld habe viele Gesellschaften bei der Prognose der weiteren Geschäftsentwicklung und der Darstellung von Risiken zurückhaltender gemacht. Des Weiteren war die Darstellung von Unternehmenskäufen und -verkäufen nicht korrekt. (2), (3)

Stärkung der Präventivfunktion

der DPR

Die Bilanzpolizei darf ab sofort auch präventiv tätig werden, indem sich die DPR zu Zweifelsfragen in der Bilanzierung äußern kann. Nach einer Mitteilung der DPR dürfen kapitalmarktorientierte Unternehmen in Zukunft Anfragen zu konkreten Bilanzierungsfragen stellen und Probleme im Vorfeld einer offiziellen Prüfung durch die Bilanzwächter klären. Bei einer Anfrage sind ein hinreichend konkretisierter Sachverhalt und dessen vom Unternehmen vorgeschlagene bilanzielle Behandlung vorzulegen. Außerdem ist eine Stellungnahme des Abschlussprüfers notwendig. Die Antworten der Bilanzpolizei sind nicht rechtsverbindlich.

Seit längerem ist seitens der kapitalmarktorientierten Unternehmen der Wunsch an die DPR herangetragen worden, auch außerhalb von konkreten Prüfungen Voranfragen zu komplizierten Rechnungslegungssachverhalten stellen zu können. Immer wieder war es vor allem im Zusammenhang mit der Umstellung auf internationale Rechnungslegungsvorschriften zu Streitfragen gekommen. Die Bilanzpolizei durfte aber vor einer Prüfung nicht beraten. In der jetzt getroffenen Erweiterung sieht die DPR die Möglichkeit, ihre Präventivfunktion zu stärken, da mögliche Fehler rechtzeitig vermieden werden können. (5)

Trends

Prüfungsschwerpunkte in 2009 werden für die Bilanzpolizei Unternehmenskäufe, die Werthaltigkeit von materiellen und immateriellen Vermögensgegenständen, Finanzinstrumente, die Lageberichte, die Segmentberichterstattung sowie die Angaben zu Bewertungsprämissen bei geschätzten Werten (zum Beispiel bei Immobilien und Pensionsverpflichtungen) sein. Unter die Lupe genommen werden auch die Darstellung und Erläuterung von finanziellen Risiken im Zusammenhang mit Kreditauflagen, so genannte Covenants. Werden bestimmte Kennziffern der Profitabilität von einem Unternehmen unterschritten, können die kreditgebenden Banken die Konditionen verschärfen oder das Darlehen sogar fällig stellen. Dieses Risiko wird oft nicht transparent genug in den Veröffentlichungen der Unternehmen dargelegt. (1), (2)

Fallbeispiele

Zu den prominenten Firmen, deren Bilanzen in 2009 beanstandet wurden, gehörte zum wiederholten Mal der Solarkonzern Conergy. Dieses Mal war es der Halbjahresbericht 2007. Unter anderem wegen der Nichtkonsolidierung von Projektfirmen und Fehlern in der Bilanzierung von Währungsabsicherungsgeschäften war das ausgewiesene Konzernergebnis vor Steuern von 2,3 Millionen Euro um insgesamt 59,5 Millionen Euro überhöht. Statt eines Gewinns wurde ein massiver Verlust erzielt. (4)

Beim einzigen börsennotierten Fußballklub Borussia Dortmund monierte die Bilanzpolizei die Abschlüsse für die Geschäftsjahre 2004/05 bis 2008/09. Die Erträge aus einem Ausrüstervertrag mit dem Sportartikelhersteller Nike wurden zeitlich falsch dargestellt. Die Folge für den Fußballverein war eine Steuernachzahlung von eine Millionen Euro.(2), (4)

Karl Gadesmann, Leiter Konzernrechnungswesen und externe Berichterstattung der Volkswagen AG, äußerte die Meinung, dass vier Jahre nach Gründung der Prüfstelle noch keine Normalisierung beim Umgang mit Fehlerveröffentlichungen eingekehrt ist. Während Korrekturen in den USA zum Tagesgeschäft gehören, werden diese hierzulande noch als Reputationsschaden betrachtet. (6)

Eine Untersuchung der Bilanzpolizei hat Fehler im Jahresabschluss der Baumarktkette Praktiker ans Licht gebracht. Bemängelt wird die Erstkonsolidierung des erworbenen Wettbewerbers Max Bahr im Jahr 2007. Aus Sicht der Bilanzpolizei hat Praktiker die Vorräte und das Sachanlagevermögen zu niedrig und somit den Geschäfts- oder Firmenwert zu hoch angesetzt. Praktiker korrigiert nun den Jahresüberschuss 2007 von 23,7 Millionen Euro auf 7,2 Millionen Euro, das Nettoergebnis 2008 wird von 7,1 Millionen Euro auf 4,4 Millionen Euro angepasst. (7)

Die Bilanzpolizei beabsichtigt den Konzernabschluss 2008 sowie den Halbjahresfinanzbericht 2009 der schwer angeschlagene HSH Nordbank zu prüfen. Dabei geht es um das umstrittene Omega-Geschäft und die Risikoberichterstattung der Bank über diese Transaktion. Die Omega-Transaktion hatte die HSH an den Rand einer Insolvenz geführt. Ende 2007 hatte die Landesbank Immobilienkredite an mehrere ausländische Großbanken verkauft, um ihre Bilanz zu bereinigen. Im Gegenzug musste die HSH jedoch bestimmte Risiken einer Zweckgesellschaft mit dem Namen Omega Capital übernehmen. Wegen dieser Transaktion musste die HSH in 2008 eine halbe Milliarde Euro abschreiben. Diese und andere Verluste führten dazu, dass die Haupteigner Hamburg und Schleswig-Holstein die Nordbank mit

Milliarden stützen mussten. (8)

Das Darmstädter Familienunternehmen Merck muss auf Veranlassung der BaFin Fehler im Jahresabschluss 2008 veröffentlichen. Die DPR hat den Prognosebericht der Chemie- und Pharmagesellschaft als unzureichend kritisiert. Merck hatte im Geschäftsbericht 2008 in einem nur elf Zeilen langen Prognosebericht erläutert, dass wegen des "nicht einschätzbaren" wirtschaftlichen Umfelds keine quantitativen und qualitativen Trendaussagen möglich seien. Der Lagebericht wurde damit den gesetzlichen Mindestanforderungen nicht gerecht. Die Bilanzpolizei beurteilt dies als Fehler, der veröffentlicht werden muss. Merck hat gegen die Fehlerfeststellung und die von der BaFin angeordnete Veröffentlichung Widerspruch eingelegt. (9)

Laut einer aktuellen Umfrage des Wirtschaftsprüfungs- und Beratungsunternehmens PricewaterhouseCoopers erhält die DPR viel Lob für ihre Arbeit. Dem Gremium wurde ein hohes fachliches Niveau bescheinigt. 90 Prozent der Unternehmen akzeptieren die von der DPR gegebenen Hinweise und die von ihr getroffenen Feststellungen und äußern überwiegend positive Einschätzungen zum Prüfungsablauf. Häufig kritisiert wurde die lange Prüfungsdauer. Auch die BaFin lässt sich mit der Veröffentlichung von Fehlern viel Zeit:

Die von ihr in 2009 angezeigten Bilanzierungsmängel beziehen sich noch auf Abschlüsse aus den Jahren 2006 und 2007 bzw. 2007/2008. (6)

Weiterführende Literatur

(1) Bilanzpolizei bemängelt Bilanzkosmetik
aus Handelsblatt Nr. 205 vom 23.10.09 Seite 12

(2) Bilanzpolizei stellt in der Finanzkrise mehr Fehler fest
aus Frankfurter Allgemeine Zeitung, 23.10.2009, Nr. 246, S. 23

(3) Finanzkrise schlägt sich in der Bilanzierung nieder
Prüfstelle für Rechnungslegung: Hohe Zahl neuer Fehler in den Abschlüssen - Angaben über Finanzinstrumente oft mit Mängeln
aus Börsen-Zeitung, 23.10.2009, Nummer 204, Seite 9

(4) Finanzkrise treibt Fehlerquote in Bilanzen hoch
Unternehmen haben Probleme bei Finanzinstrumenten und Prognosen · Prüfstelle für Rechnungslegung darf Anfragen klären
aus Financial Times Deutschland vom 23.10.2009, Seite 18

(5) Voranfragen an Bilanzpolizei zugelassen Prüfstelle setzt auf Stärkung der Prävention
aus Börsen-Zeitung, 20.11.2009, Nummer 224, Seite 10

(6) Bilanzprüfstelle mahnt Details zu Risiken an
"Mangelnde Transparenz von Kreditauflagen" -
Emittenten fordern Vorabklärung von Zweifelsfragen
aus Börsen-Zeitung, 23.09.2009, Nummer 182, Seite 10

(7) Bilanzpolizei überführt Praktiker
aus Börsen-Zeitung, 03.09.2009, Nummer 168, Seite 1

(8) Bilanzpolizei prüft HSH-Bilanz
aus Süddeutsche Zeitung, 05.12.2009, Ausgabe
Deutschland, Bayern, München, S. 30

(9) Bilanzpolizei hat Merck am Wickel
aus Börsen-Zeitung, 04.12.2009, Nummer 234, Seite 9

Impressum

Bilanzpolizei - Finanzkrise lässt Fehlerquote in den Jahresabschlüssen steigen

Bibliografische Information der deutschen Nationalbibliothek

Die Deutsche Nationalbibliothek verzeichnet diese Publikation in der deutschen Nationalbibliografie; detaillierte bibliografische Daten sind im Internet über http://dnb.d-nb.de abrufbar.

ISBN: 978-3-7379-1383-6

© 2015 GBI-Genios Deutsche Wirtschaftsdatenbank GmbH, Freischützstraße 96, 81927 München, www.genios.de

Alle Rechte vorbehalten. Dieses Werk ist einschließlich aller seiner Teile – z.B. Texte, Tabellen und Grafiken - urheberrechtlich geschützt. Jede Verwertung außerhalb der Grenzen des Urheberrechtsgesetzes bedarf der vorherigen Zustimmung des Verlags. Dies gilt insbesondere auch für auszugsweise Nachdrucke, fotomechanische

Vervielfältigungen (Fotokopie/Mikroskopie), Übersetzungen, Auswertungen durch Datenbanken oder ähnliche Einrichtungen und die Einspeicherung und Verarbeitung in elektronischen Systemen.